Jetzed
Worthandwerk von Ingrid Koch

W0191077

Worthandwerk
von Ingrid Koch

Verlag Lorenz Senn, Tettnang

Für die freundliche Unterstützung danken wir
dem Bodenseekreis
VAUDE Sport GmbH & Co. KG, Tettnang
der Stadt Tettnang
der Volksbank Tettnang

Impressum

Ingrid Koch: Jetzed
Verlag Lorenz Senn GmbH & Co.KG, Tettnang 2009
4. Auflage 2010

ISBN 978-3-88812-218-7

Titelfoto: Hans Schöpf, Tettnang
Illustrationen: Johannes Stopper, Tettnang
Design und Typografie: Natalie Niethammer
Klexx – Konzept, Gestaltung & Realisation, Friedrichshafen

Druck: Bodensee Medienzentrum, Tettnang
Buchbinder: Walter, Heitersheim

CD: „Mundart im Schloss", Altes Schloss Amtzell, SWR 2007
Autor: Ingrid Koch
Redaktion: Wolfgang Wanner, SWR Friedrichshafen
Technik: Matthias Neumann
Lizenziert durch SWR Media Services GmbH

Zu diesem Büchlein „Jetzed"

Dieser Buchtitel mag dem einen oder anderen Nichtschwaben
– sofern ein solcher überhaupt zu dieser Koch'schen Sammlung
greifen möchte – vielleicht etwas mager erscheinen. Schmallip-
pig. Schwäbisch maulfaul halt. Ich meine, so auf den ersten Blick!
Deshalb beeile ich mich, den opulenten Hintersinn dieser so fru-
gal anmutenden Schwabenformel rasch und zügig zu erhellen.
„Jetzed" heißt, frei ins Schriftdeutsche übersetzt, nichts anderes
als: „Nach langer Loseblätter-Schlamperphase beziehungsweise
mehrjähriger Wartezeit auf den punktgenauen Reifegrad ist es
endlich soweit!" Das Büchlein nämlich – oft erwünscht, häufig
erfragt, bisweilen angemahnt, immer wieder zugesagt, verspro-
chen, vertröstet. Aaaaber jetzed … !
Freilich, auch mancher schwäbische Sprachpurist könnte mein
„jetzed" kritisieren und das „J" als etymologische Missbildung be-
zeichnen. Könnte er. „Sorry, mein Schwabenfreund", müsste ich
ihn aber dann freundlich aufklären, dein „etzad" mag ja schon
hinter Ravensburg in Richtung Laupheim sprachgebräuchlich
sein … hier in meiner Heimatstadt Tettnang sagen die Leute:
„Jetzed."
Noch ein Wort zu unserer Mundart selbst: Ich liebe meinen bo-
denseehinterlandoberschwäbischen Tettnanger Heimatdialekt:
seine Melodie, seine Farbenvielfalt und Ausdruckskraft. Und so
erzähle ich halt. Alltägliches, Menschelndes, selbst Erlebtes und
Erfundenes. Und dies, wie gesagt, in Tettnanger Schwäbisch. In
meinem Schwäbisch. Mir genügt das. Ihnen, lieber Leser, hof-
fentlich auch!

Ingrid Koch

Inhaltsverzeichnis

Eines noch: Wenn die jeweiligen Übergangstexte in feinpoliertem Schriftdeutsch – oder was ein Schwabe eben dafür hält – daherkommen, so betrachte man dies bitte nicht als sprachschnöden Verrat. Es ist lediglich ein kleiner, zugegeben etwas hinterlistiger Versuch, auch Nichtschwaben als potenzielle Buchkonsumenten anzulocken.

Inklusive CD am Buchende:
Mit LIVE-Mitschnitten aus dem SWR» Programm!

DES VORWEGG ...

ZUM BESSEREN VERSTÄNDNIS ...

Was habe ich nicht schon gelitten!
Das Fegefeuer fast durchschritten
mit Sulzskelett und Herzblutkruste,
bevor ich auf die Bühne musste.
Was mir den Nerv oft vollends raubte,
war, dass man mir die Angst nie glaubte
und unterstellte, dass ich Olle
mich ja nur wichtig machen wolle!!!

Ach lieber Gott, was ahnen die
denn schon von solcherart Phobie?
Ich aber weiß nur allzu gut,
wie weh das Lampenfieber tut!

Wer's je erlebt am eignen Leibe,
der weiß sehr wohl, wovon ich schreibe.

Lampefiaber

Früh um viere fangt's scho a,
dass me nemme schlôfe ka.
Trotzdem wälzt me sich im Bedd,
weil me jô gern schlôfe wedd!
Um a Schtündle wär me froh,
vor de Sechse sowieso!
Aber noi, es soll it sei:
mit de Ruah isch's schlicht vorbei!

D'Glieder sind no lahm und schwach,
bloß de Kopf isch läschtig wach,
weil er sich fascht s'Hirn verrenkt,
bloß no an de Auftritt denkt,
oim de klare Blick versperrt
und am Selbschtbewusstsein zerrt.
Obe in de Schaltzentrale
herrscht gedankliche Randale,
was au Psyche grausig nervt
und de innre Druck verschärft.
So a Seeleturbulenz
steigert denn au d'Herzfrequenz,
s'klopft und trommelt wia en Specht …
… und ganz langsam wird's oim schlecht.

Mittags wabert denn im Mage
säuerliches U'behage,
des sich viertelstündlich steigert
und a Mahlzeit schlicht verweigert.

Nähert sich denn d'Ôbendstund,
wird de Gfühlsbereich ganz wund,
und me ka dia viele Leide
nemme richtig underscheide:

Schädelstich und Muskelkneife,
Bauchweh nebe Ohrepfeife,
Kältestöß wia bei re' Grippe,
und ab Kante Unterlippe
bis zum A'schlag, wia oim deucht,
fascht adrenalinverseucht;
Kurz – in summa unterm Strich:
Es isch oifach fürchterlich,
was des Fiaber, des dô gloschtet,
oin an Lebenskraft no koschtet.

Und denn denkt me vor sich na:
WARUM … duesch dr des bloß a?
Glei in absehbarer Zeit
wirfsch de jetzt vor fremde Leit
– trotz massiver Angschtpsychose –
souverän in Sprecherpose.
So nôch auße jedefalls –
debei klopft dr's Herz zum Hals.

Kommt de Auftritt denn, bei Godd,
isch's en Gang wia auf's Schafodd:
Wia von dausend Goischter g'hetzt,
drippelt me auf d'Biehne jetzt,
stellt sich schüchtern vorne na,
lächelt dapfer – und fangt a!

**Ob's denn guet lauft oder dumm:
DES entscheidet s'Publikum!**

UND MÔL
VOR ALLEM DES ...

SCHWÄBISCHE NEST„ENT"SCHMUTZUNG

Ich konstatiere voller Graus:
Schwäbische Mundart stirbt fast aus!
Der Dialekt verliert die Erdung
und gilt gar als Erfolgsgefährdung
im Karrierejobgerangel;
als Synonym für Bildungsmangel;
als Sprachlernbasis ungesund,
als sperrig-derb, breitmäulig ... und
– phonetisch wie ein Ackerpflug –
als bäurisch und nicht fein genug!
Und dass mit diesen „Mundart"viren
die KIDS sich jaaa nicht infizieren,
reden mit hoheitsvollen Mienen
die Schwaben-Mammis ... DEUTSCH mit ihnen.
Entschuldigung: HOCHdeutsch natürlich!
Was allerdings, ganz unwillkürlich,
herkunfts- und landschaftlich bedingt,
meist nur nach Schleiflack-Schwäbisch klingt!

Wie schade doch um diese Kinder,
die später dann, mehr oder minder,
Schwäbisch (ich kann's mir nicht verkneifen),
VERSTEHEN zwar, doch nicht BEGREIFEN!

Spracherziehung ...

Wonneproppen, süßes Häschen,
Liebling mit dem kleinen Näschen,
allerschönstes Engelchen,
ei, mein Schatz, wo isser denn?
Dadada – ein schönes Lätzchen
für das hübsche, brave Schätzchen!

Du Buzzele, du Scheißerle,
du Schnuckl ohne Beißerle,
du Malefizle, Suggele,
du Grodd mach koi so Buggele,
du Soicherle, du Stinkerle,
du siaßes Augeblinkerle,
i sing dr jetzt a Liedele,
du herzigs Schnedderfiedele!

Schwäbische Lautmalerei

Will en Môler ebbes sage,
drückt 'r des in Bilder aus,
schöpft aus seine Stimmungslage
und erschafft a Kunschtwerk draus.

Dôzue braucht 'r Stift und Farbe,
Pinsel, Leinwand, Fantasie,
Môltalent und – um it z'darbe –
irgendwo a Galerie.

Will en Dichter ebbes sage,
sattelt 'r de Pegasus,
formt und feilt beim Flügelschlage
an seim geischtige Erguss.

Dôzue braucht 'r selbschtverständlich
en Computer heitzuedag,
Hirn, Ideea und schlussendlich
glei am beschte en Verlag.

Aber will en Schwôb was sage,
braucht er gwieß koi Buechprojekt –
der mueß auch koi Farb auftrage:
Des macht alls sein Dialekt.

Ausdrück hôt der, prall und saftig,
farbig, bildlich, herzensfrisch –
und so klar, dô woisch wahrhaftig
immer glei, wora' de bisch.

Guet, me derf sich it verschätze,
Hochdeitsch flutscht so oifach raus –
aber richtig Schwäbisch schwätze,
artet fascht in Arbet aus.

Ersch môl werret diaf im Rache
d'Silbe quetscht und zammedruckt
und, um koine Umständ z'mache,
d'Endunge glei nundergschluckt.

Nôchher denn im Gaumehobel
dehnt m's wia a Gummiband
und verdoiget, it grad nobel,
jeden harde Konsonand.

Dass d'Vokale it erschlaffet,
ziaht m's no in Zinke nauf:
Ersch, wenn des isch alls verschaffet,
reißt de Schwôb sei Schublad auf.

Fangt 'r schliaßlich a mit schwätze,
schee nasal aus vollem Rohr,
wird er manchen Preiß vergrätze –
weil dem schebberts denn im Ohr.

Elegant und fürnehm g'schliffe
klingt dia Mundart freilich it,
doch wer klug isch, hôt begriffe:
Dô schwingt Volkscharakter mit.

Der isch's jô, wo d'Sprôch bebildert,
echt und ohne Prüderie,
und so herrlich s'Menschle schildert –
räs, doch des mit Poesie!

S'Schwäbische ka manches biete,
d'Grenze sind dô it so eng,
d'Stilrichtunge sind verschiede
von barock bis modisch-streng.

Wenn môl d'G'fühler überschwabbet
und de Schwôb leert denn sein Kropf,
denn ka'sch sicher sei, er dabbet
wacker nei in Farbetopf.

Denn hoißt's: „Du Granateseckel,
wenn i di nô môl verwisch,
denn kriagsch oine auf de Meckel,
dô woisch nemme, wer de bisch …"

Wortkanone, messerg'stählte,
aus me derbe Bodesatz.
Des als wuchtigs Wandgemälde
hett dôhinne gar koin Platz.

Bloß a magre Bleistiftskizze,
Sinnspruch, schlampig zammepfropft,
isch, wenn durch sei Lipperitze:
„Hä, àhà und hàa" tropft.

Will 'r, was er saggt, verfeinre
auf a liabevolle Art,
mueß 'r bloß mit „le" verkleinre
und scho klingt au s'Grobe zart:

Lumpedierle, sei koi Fröschle,
druck dei Herzle an mi na,
hock auf s'Ärschle und halt s'Göschle,
dass i di vernudle ka.

Des sind wahre Dichtertöne,
woich und zärtlich, glockehell,
überhaucht mit wunderschöne
Farbe wia a Aquarell.

Also isch es koin verstaubte
Dialekt, so zäh wia Brei!
I mecht sogar kühn behaupte:
Schwäbisch isch ... Lautmalerei.

Schwäbische Pädagogik

Viele Schwôbe-Mammene hent bei ihre Kind meh' Angscht vor em Dialekt wia vor Windpocke oder Scharlach. Was dunt se also? Sia schwäblet vorsichtshalber hochdeitsch mit ihre Goofe! Debei merket dia Müddre offebar gar it, dass se dômit viel pädagogische Munition ugnutzt verdampfe lasset! Wia erzieherisch wirkungsvoll nämlich grad s'lautmalerische Schwäbisch sei ka, des zoigt nôchfolgende Szene auf me große Parkplatz vor me große Supermarkt.

S'hôt de ganz Morge scho gregnet. A junge, oberschwäbische Mudder kommt mit ihrem fünfjährige Döchterle vom Eikaufe zrück und lauft zue ihrem Auto. D'Mudder ladet de Kofferraum voll, d'Dochter springt in re Pfütz rum. Wia g'saggt, s'hôt seit Schtunde gregnet. Jetzt will dia jung Mamme ins Auto eisteige und rueft ihrem Döchterle:

No fraindlich: „Tschennifer-Fanessa, lass doch diese Pfitze. Du machscht dich ganz nass."

Nemme ganz so fraindlich: „Tschennifer-Fanessa, geh bitte aus dieser Pfitze raus! Guck mal, wie deine neuen Nikeschuhe jetzt ausschauen. Was glaubscht du, was die gekoschtet haben. Also komm, Tschennifer, wir missen weiter."

Scho leicht ufraindlich: „Tschennilein, Mammi wartet. Ich muss noch zum Friseer. Komm jetzt endlich, sonscht bin ich ganz arg bese."

Richtig ufraindlich: „Tschenni, i sagg's dir jetzt zum letzschten Mal, zum allerallerletzschten Mal: Lass die Pfitze in Ruhe!"

Dotal ufraindlich: „Tschennifer – KOMM jetzt!!!" D'Mudder nähert sich der Pfütze:

Kreizbudelnarred: „Jô wia hemmers denn, du Saukrippl? Hôsch du eigentlich Dreck in de Ohre oder wia?! I sagg dr jetzt ebbes: Wenn du it augeblicklich aus derre Drecklach raushupfsch, denn bätschts so granatemäßig, dass m's in sechs Oberämter hört … !"

Dia Pfütz isch leer.

DES IM
ALLGEMEINE ...

ALTES, NEU AUFGELEGT

Ob nun in Schwäbisch oder nicht: Wer glaubt, sich über Menschen, Menscheln und Alltags-Ungemach auslassen zu müssen – wie zum Beispiel gleich im nächsten Kapitel über Frühjahrsfrust und Schneckenmord – muss wissen, dass er dies nicht als Erster tut. Alles ist schon einmal irgendwann irgendwo von irgendwem gesagt worden. Und? Was macht's? Die Freude an der Satire nämlich ist immer wieder neu. Für den Leser ebenso wie für den Spötter respektive die Spötterin; für die vor allem!

Frühlingserwache

Nôch me Jährle Abschtinenz
hôt uns wiederum de Lenz
von de Winterqual befreit –
freilich, s'war au höchschte Zeit!

Jetzt begrüaßt me voller Wonne
dia barmherzig Frühjôhrssonne,
jô – me giert fascht nôch de Gnade
zuenehmender Wärmegrade –
und je höher selle klettret,
um so meh me sich entblättret …

… ebbes, was de Damewelt
nôch em Winter bsonders gfellt.

Also schiabt me jetzt dia grobe,
winterliche Garderobe
so wia Schafswoll und Flanell,
Microfaser, Hasefell,
Bouclé, Mohair, dickes Leder,
Nerz, Angora, Daunefeder,
Samt, Alpaca, Nylonflausch
so im erschte Frühlingsrausch
in seim Schrank ganz hintenum
und seifzt: „Godd sei Dank isch's rum!"

Was me jetzt braucht, isch was Luftigs,
Feines, Helles, Zartes, Duftigs:
Chiffon, Seide, Crêpe de Chine,
Schurwoll, Leine, Popelin,
Polyeschter ohne Knick,
Garn, Viskose, Jerseystrick –

also wieder leichtre Sache,
um sich schee und schick zue mache.
Kurz: me holt vom alte Jôhr
seine Kloider wieder vor,
guckt se kritisch prüfend a,
ob me se no trage ka!

Do erlebbt me denn mitunder
allerdings sei blaues Wunder,
denn jetzt zoigt sich prompt d'Bescherung
winterlicher Vollernährung:
Feschtdagsgans und Weihnachtsbredle,
Schweinebrôte, Suppeflädle,
Fasnetskrapfe, Hefeplunder,
Sektle und de Spätburgunder –
alles halt mit Kalorie
isch aufs Üppigschte gediehe.

Dass de Umfang sich verstärkt,
hôt me bis jetzt gar it gmerkt!
Offesichtlich war de Speck
durch dia dicke Winterfräck,

dunkelgschtroift und kloikariert,
vorteilhaft und guet kaschiert.
Jetzt beim Offebarungseid
zoigt sich aber s'ganze Leid
reschpektive dia Bilanz
herzlich wenig Eleganz:

De stabilschte Leinestoff
hôt jetzt Platzangscht und macht Zoff!
Au de Kaschmirpulli heilt,
s'Seidekloid isch ganz verbeilt
und dia edle Perlmuttknöpf
vorne runder strecket d'Köpf!

Noi, so isch koin Schtaat meh z'mache,
dô vergôht oim wirklich s'Lache,
und au d'Luscht auf laue Luft
isch ums Numgucke verpufft –
und des frühlingsbunte Treibe
kennt oim schlichtwegg gschtohle bleibe!

Freilich, jammre hilft oim nix,
deshalb folgert me ganz fix:
Zur Bewältigung der Krise
hoißt ab jetzt bloß no d'Devise,
dia verschobene Figur
braucht a strenge Frühjôhrskur!
S'Bescht, was me dô mache ka,
isch vor allem FdH;

mit a bissle Standvermege
Disziplin sich auferlege,
sich beim Esse a weng zügle,
des wird s'Gwicht scho runderbügle.
Aber gell, desch leicht zue sage
mit me volle, satte Mage …

… knurrt der aber, oh Verzeihung,
isch es mit de Selbschtkaschteiung
inklusiv Erfolgsgewähr
plötzlich nemme so weit her.

Folglich dauert s'Hungerjoch
maximal a guete Woch,
denn verlasset oin dia Kräft
und me rennt ins Kloidergschäft,
wo me sich, arg deprimiert,
mit was Neiem ausstaffiert …

… und me denkt, was oin bei Godd,
bloß de Speck scho koschtet hôt,
ganz zue schweige von dem Kloid –
duet sich also furchtbar loid
und verfallt in d'Klageleier:

**„Herrschaft,
war der Winter deier … !"**

Handys

Handy, Handy, über alles,
ständig bebbts de Leit am Ohr,
wenn de saggsch, dass de koins hättesch,
kommsch dr fascht behindert vor.

Auf de Strôße, in de Kneipe,
in de Läde an de Kass –
wo de gôsch und schtôhsch, dia Mensche
schwätzet ohne Unterlass.
Laufsch spaziere an de Arge
oder suechsch dei Ruah im Wald,
triffsch all Viertelstund en Jogger,
der verschwitzt ins Handy schwallt.

Zweifellos mit u'heilbarer
Telefonsucht infiziert
sind vor allem d'Autofahrer,
wia me heifig konschtatiert.
Jeder dritte, kennt me sage,
leidet under Quasselzwang,
schwätzt und fuchtelt hinterm Steier,
au beim Überholvorgang.

Wo sich aber in de Gänze
d'Handymania offebart,
des isch, wenn me aus Verseah

mittags môl im Schuelbus fahrt.
Jesses, herrscht dô a Geklingel,
a Geschnatter und a G'schrei –
doch dia schwätzet it mitnander,
sondern in ihr Handy nei.

Andre wieder ess-em-esslet,
wow – wia dô de Daume flitzt:
Schicket Messitschle an d'Fraindin,
dia im gleiche Bus drin sitzt.

„Ess-em-ess" sind eh de Renner,
weil me sich dô scheints meh traut –
Liabesbriaf von Hand zue schreibe,
isch inzwische megga-out.

D'Elektronik weckt Bedarfe,
klar, dass des de Jugend g'fellt!
S'gôht it lang, nôch kommet d'Kinder
mit de Hand am Ohr auf d'Welt.

Dia scho reifre Handynutzer
haltet sich dô meh bedeckt;
des mobile Sprechgerätle
wird diskret ins Sakko gschteckt.

Kurz, me lôsst des Ding verschwinde,
duet, als ob me's it vermisst –
doof isch bloß, wenn me bisweile
au no s'Ausschalte vergisst.

Godd wia peinlich im Theater,
wo a schtrikts Verbot jô gilt,
wenn juscht bei de Sterbeszene
Hardrock aus em Kittel schrillt.

Handy, Handy, über alles,
heit sogar beim Liebesspiel –
mitte in d'Ekschtase quatsche,
dô verfehlsch doch s'Klasseziel!

Telefonius interruptus …
… klar, dass d'Leideschaft dô kippt –
und so derf me sich it wundre,
dass es koine Kind meh gibbt.

Kussi-Bussi

Hôt me früher Bekannte troffe
oder isch an Fraind na'gloffe,
hôt me dene ganz in Ruhe
ohne irgend a Getue
warmherzig in d'Auge guckt
und zum Grüaße s'Händle druckt.

Isch me ebber bsueche gange,
wurd'me an de Dier empfange
und hôt sich dô uvermittelt
ebefalls bloß d'Pfote gschittelt.
A môl muetig und verwege
d'Händ enand auf d'Schultre z'lege,
war als A'nährungsversuch
s'Höchschte an Gefühlsausbruch.

Dômôls war me zueanander
no a bissele schinander
und hôt auf a scheue Art
körperlich viel Abstand g'wahrt.

Doch dia Art Begrüaßungsform
isch heit außerhalb de Norm:
Mit em Usus, d'Hand bloß z'gäbe,
liegt me g'sellschaftlich denäbe,

wirkt me bockboinig und ghemmt,
zuegknöpft, linkisch und verklemmt.
Schick und länger scho in Mode
isch jetzt d'NAHKAMPFGRÜASSMETHODE,
mittels der me hochentzückt
sich môl glei auf d'Pelle rückt.

S'isch scho luschtig, wenn me sieht,
wia des Ganze sich vollzieht:
Mensche boiderloi Geschlechts
gäbet Küssle links und rechts,
fallet sich wia auf re Balz
leideschaftlich um de Hals
under schallendem Hallo:
„Schätzchen, ach wie geht's denn so?"

Grad bei Feschtle im spezielle
isch's jô heifig feschtzuestelle,
wia dô im Empfangsgewühle
überbordende Gefühle
lauthals aus de Herze fliaßet
und sich über d'Leit ergiaßet,
wenn sie sonscht au Welte trennet
und sich it verbutze kennet.

Doch beim Party-Protokoll
spielt so ebbes jô koi Roll
und dia ganz' Menagerie
macht, wia g'saggt, auf Harmonie.

Folglich fangt me zum Erbarme
dômit a, sich zue umarme …
… und mit spitzig-gschürztem Munde
knutscht me sich durch d'Gäschterunde:
Lange, Kurze, Dünne, Dralle,
alle jeden – jeder alle.

Freilich, s'gibbt koin Grund, deswege
sich jetzt künschtlich aufzuerege,
weil, s'isch immer no viel besser
als wia streite bis aufs Messer.

Klar, a Prise Heuchelei
isch zwar meischtens mit debei,
aber dômit kennt me läbe …

… dät's it no dia Panne gäbe,
dia de Ablauf oft erschweret
und oin manchmôl s'Grause lehret.

Kurz, zue so re Kopfumkreisung
ghört halt a Gebrauchsaweisung,
dass môl endlich alle wisstet,
wia se wen wo küsse misstet.
S'hôt jô nix mit Kunscht zum due:
Me gôht aufenander zue,
kippt denn – wegg' de freie Bahn –
zügig-schnell und simultan
zack – sein Riebel rum und num,
haucht drei Schmatzer, scho isch's rum.

So kommod und simpel sodd des
Ganze sei. – Doch leider Goddes
gôht's doch in de Praxis äbe
immer wieder arg denäbe!

Bsonders kollisionsverdächtig,
also beinôh ufallträchtig
und au irgendwo perfid
sind dia Größeunterschied.
Isch zum Beispiel oine, oiner
so um cirka zwoi Köpf kloiner,
trifft oin de Willkommensgruß
statt am Backe in de Blus.

Um sich solchigem z'entziah,
gôht me hählinge in d'Knia
und knallt in Sekundeschnelle
mit em Kinn auf dem sein Melle.

It viel besser isch dia Schose,
wenn me selber môl auf große,
lange Bohnestange trifft,
dass me moint, me bräucht en Lift.
Dô kasch hupfe, wia de widd
bis zum Gsicht nauf langet's it …

… UND so wird infolgedesse
beim Sich-anenander-presse
d'Kinnlad oder s'Häs verschobe.
Jetzt halt umkehrt. Siehe obe.

Oder – wenn me s'Beispiel nimmt,
dass des Zammespiel it stimmt,
also oiner küsse will
und de andre helt it still.
Guet, dô kommt's denn scho môl vor,
dass me abrutscht bis ans Ohr,
während s'Vis-à-vis verschusselt
ohne Sinn in d'Luft neibusselt.

D'Brille rutschet von de Nas,
d'Schminke bebbt am Brilleglas,
d'Fönfrisure sind zerdetscht,
Blume am Revers verquetscht
und auf Männerbacke leuchtet
intensiv und glanzbefeuchtet,
rot und rosa, wia's grad trifft,
Spure von de Lippestift.

Kurz, es isch it zue beschtreite:
Es gibbt viel Gelegeheite,
wo dia Küssle s'Ziel verfählet
und statt schmecket eher quälet.

Also derf i zammefasse:
Des hoißt längscht it, me sodd's lasse,
i möcht jô de Spaß it trüebe –
aber üebe sodd me's. Üebe …

S'Gluckesyndrom

Mei Mudder wohnt bei mir im Haus;
mir kommet guet mitnander aus –
sia isch a brave, alte Frau,
entgegekommend, dankbar au!
I wieder woiß ganz innedrin,
was i als Dochter schuldig bin …
… s'gibbt kaum en Genrationskonflikt,
und taucht er auf, umgôht m'en gschickt –
des hoißt, me diskutiert it groß.
Kurzum: Mir führet zweifellos
trotz unsrer Altersdifferenz
a friedliche Koexischtenz.

Bloß oins, des mueß i ehrlich sage,
bereitet mir oft U'behage,
meh no – i sagg's jetzt môl verschärft,
belaschtet, ärgert mi und nervt,
und zwar, wenn sia, wia Müddre sind,
mi so behandelt wia a Kind!

Was sia mir Aufmerksamkeit schenkt,
vorausguckt, mahnt und für mi denkt,
mi warnt vor jedem Hindernis,
dass i nix falsch mach, nix vergiss,
mir saggt, was i beachte misst,
als ob i des it selber wisst!

Drum, wenn i aus em Haus nausgang,
dauert de Abschied immer lang:

„Hôsch au dein Schal, s'isch ziemlich kalt,
bass auf, dass d'Dasch it nunderfallt!
Fahr it so schnell, denn d'Strôß isch nass!
Isch dr's it guet? Du bisch so blass!
Dô, nimm dia Pill, denn wird's dr wohl.
Trink au it soviel Alkohol!
Du woisch jô, was de hôsch zum due –
dein Mantel isch it richtig zue!
Vergiss de Schirm it. Hôsch dei Gschenk?
Ooooh, wenn i it an alles denk!
Was me als Mudder doch so duet
und glaub mr, Mädle, i moins guet."
GUET MOINE – Klar! Des isch jô des:
Me woißes zwar, sia moint's it bees
und macht sich dôdurch grad verletzlich.
Trotzdem: Es ärgert oin entsetzlich.

Was mi betrifft, i bin dô freier
und fall it in dia Mutterleier!
Was sollet au so Babyfaxe?
Mein Sohn zum Beispiel isch erwachse,
ka due und lasse, was 'r will,
i halt mi dô bedeckt und still!

Ersch neilich war mein Bue dehoim
und klar, als Mudder gfallt des oim –

doch gôht dia Zeit so schnell vorbei
und ratz-fatz packt 'r wieder ei,
langet zum Koffer, lauft zur Dier
und saggt auf Wiedersehn zu mir.

Prompt fühlt mei woiches Mudderherz
en A'flug von me Abschiedsschmerz,
und no beim innige Umarme
hör i – es war zum Godderbarme,
i kennt mr no aufs Maul naufschlage –
mi folgendes gladd zue em sage:

„Hôsch au dein Schal, s'isch ziemlich kalt,
bass auf, dass d'Dasch it nunderfallt,
fahr it so schnell, denn d'Strôß isch nass!
Isch dr's it guet? Du bisch so blass!
Dô, nimm dia Pill, denn wird's dr wohl.
Trink au it soviel Alkohol!
Du woisch jô, was de hôsch zum due –
dein Kittel isch noid richtig zue!
Vergiß au nix! Hôsch all dei Sach?
Ooooh, wenn i halt it alles mach!
Was me als Mudder doch so duet,
und glaub mr's, Buele, i moins guet."

Dô stöhnt mein Sohn: „I bin koi Kind!
Warum sind Müddre, wia se sind?"
I drauf: „Kriag ersch môl selber Kinder …
… und Vädder, glaub mr's, sind no minder."

Walking

Afangs hôt me jo no glachet,
was dia Freizeitgruppe machet.
Wia dô z'môl mit aller Gwalt
über d'Felder, durch de Wald,
Leit im Strampelhösle laufet,
sich verrenket, keichet, schnaufet
und verschwitzt noch oi, zwoi Stunde
– stolz auf ihre Leischtungsrunde –
schliaßlich wia a Wickelkind
hungrig, miad und zfriede sind.

Um meh Teilnehmer no z'gwinne,
hent denn Trainer Schrägstrich -inne
Neigierige um sich gschart,
um a Fortbewegungsart,
dia gelinde gsaggt, recht oige
und befremdlich war, zue zoige
als de superneie Trend,
den me neideitsch „Walking" nennt.

Ohne wusliges Geflitze,
rollt vom Ferse bis zur Spitze
syschtematisch leicht im Trab
s'Füaßle muskelschonend ab.

Rechtwinklig und taillennah
knickt me d'Elleboge a,
kräftig aber locker no,
und bewegt dia Ärm denn so
grad, als dät me irgendwia
an zwoi dicke Soiler ziah.

Rhythmisch, ohne Kompromiss,
zischt me denn no durch's Gebiss,
weil dia alt Luft mueß jô raus,
hörbar seine Schnaufer aus.

Hinterher isch koiner ohne
gsundmachende Glückshormone,
und scho wegg' dem Luschtgewinn
war des Walke rundum in;
jeder war des Lobes voll,
weil's jô Wunder wirke soll!

GROTTEFALSCH – hôt's plötzlich ghoiße!
Des dô mit dem Ärmleskroise
und bei jedem Schritt en Knicks –
liabe Leit, des bringt doch nix!
NORDIC WALKING hoißt d'Devise!
Was ihr brauchet, sind so Spieße,
dia beim Laufe ihr zersch lupfet
und denn in de Bode stupfet –
ab und auf und auf und ab,
des bringt d'Gsundheit ersch auf Trab.

Und des Gschäft isch beschtens gloffe,
bald hôsch zigfach Walker troffe
mit me Speer am Händlesglenk
für de rechte Schulterschwenk.
Scho von weitem hôsch's g'hört renne,
aber selte orte kenne:
Kommt des Gräusch u'unterbroche
von de Schistöck oder Knoche?

Des durch d'Pampa-Langlauftrotte
sodd me freilich it verspotte,
denn dia Riesemenschetraube
werret it ans Falsche glaube …

… beinôh, me braucht's it verbräme,
muesch de, wenn it walksch, heit schäme
und du kriagsch scho im Reflex
Minderwertigkeitskomplex.

Saggsch, du hättescht lahme Hoke,
hoißt's heit glei: „Jô, gang halt walke!"
Klagsch, durch s'Kreiz fahrt's dr wia Messer,
feixt me: „Walk halt, nôch wird's besser",
und verzehlsch was von deim Terz
mit em Kreislauf und em Herz,
hört me ohne Hauch von Huld:
„So, tatsächlich? Selber schuld!"
Und scho wird dr uverhohle
d'Walkingmitgliedschaft empfohle.

Walke isch derart beliebt,
dass es bald Apartheid giebt.
Wer it walkt, isch Außeseiter …

… drum, gell, schwätzet's jô it weiter:
I bin heit, i sagg's ganz offe,
dôher mit em Auto gloffe!

Schnecke

Wer'n Garte hôt, hôt ohne Frôg
ab Afang Mai sei Schneckeplôg;
dô schleimt sich, relativ no mager,
dia Brut denn aus em Winterlager,
bindet sich nachts d'Serviette um,
macht sich Gedanke rum und num,
zu welchem Setzling sia wohl soll …
… und frisst sich schamlos d'Wampe voll.

Dass, wenn me morgens, kaum verwacht,
sein Rundgang denn durch's Grundstück macht
und sieht von all'm, was grad frisch pflanzt,
bloß d'Stengel no, kahl und verfranst,
oim s'Messer in de Dasch aufgôht …
… i denk, dass jeder des verschtôht –
au der no, nebebei bemerkt,
der in koim Garte rumfuhrwerkt.

Als Gärtner denksch denn glei in Richtung
bluetrünschtiger Dotalvernichtung!
Doch dia Idee, dia isch vermesse,
den Massemord kasch schlicht vergesse:
Kaum dass oi Schneck verbröselt isch,
kriacht scho dia nächscht aus em Gebüsch.

Klappt's scho it, alle z'liquidiere,
will m's zuemindescht reduziere …

… bloß wia a Schneck zur Hölle fahrt,
macht jeder auf sei oigne Art:

De oi verstrait halt Schneckekorn,
de zwoit verschneidet se im Zorn,
de dritt lockt via Bier dia Schleimer,
de nächscht verbrüaht's im Alueimer;
me ka's im Sägmähl no paniere,
en Schneckezaun au installiere –
wer's mag, ka nachts durch s'Gärtle päse
und s'Ekelgschmoiß von Hand aufläse …
… aber des alles bringt's it groß:
Nachhaltig kriagsch des Pack it los.

Doch jüngscht verzehlt mir a Bekannte
a intressante Variante,
dia, wia se saggt no, garantiert
in ihrer Wohnstrôß so passiert:
Obwohl so ebbes d'Stimmung dämpft,
werret dô d'Schnecke so bekämpft,
in dem m's, was me jô it dierft,
de Nôchbre in de Garte wirft.

Dia schmeißt im nächschte Augeblick
den Glibber pfeilgrad wieder zrück,
und scho gôht's munter hin und her,
als ob's a neie Sportart wär.

Menschlich isch des nadierlich schwach –
aber de Vordoil von dem Krach,
also dass dia zwoi Weiber streitet,
isch, dass a Schneck an Flugangscht leidet
und bei dem Fauschtball kollabiert,
des hoißt, am Herzinfarkt krepiert …
… stirbt also in de Umlaufbahn,
so g'seah, jô eigentlich human.

Trotzdem – des kriagsch als Kind scho mit,
so ebbes duet me oifach it,
zuemindescht, isch me au betroffe,
it derart auffällig und offe!
Doch heimlich kennt me's jô riskiere,
als Trittbrettfahrer z'profitiere,
drum hôn i – des als Resumée –
für mi gladd folgende Idee:

I wirf jetzt dene jeden Dag
mei Schneckeernte übern Hag,
demit dia Weiber permanent
für ihren Zwischt au Nôchschub hent.
Mein oigne Garte wird debei
auf dia Art völlig schneckefrei,
und i komm weiter rund ums Haus
mit meine Nôchbre glänzend aus …

… a Lösung ohne Risiko –
und alle hettet was devo.

DES AU ...

HÄUSLICHES

Welch schwere Verantwortung eine (vermutlich schwäbische) Ehe- und Hausfrau doch tragen muss und – ja, das auch: welch nervlichen Belastungen sie innerhalb ihrer vier Wände so übers Jahr ausgesetzt ist, davon erzählt das nächste Kapitel.

Männerqual

A Frau ka ihrem Herrn Gemahl
– also em Traumprinz ihrer Wahl –
normalerweis im Alldagslebe
durchaus en große Freiraum gebe,
ka sei Benehme toleriere,
ka seine Fehler ignoriere,
ka s'Dasei ihm bequem geschtalte,
wenn's sei mueß, sogar d'Gosche halte –
in summa also, brav und still
en mache lasse, was 'r will …

… bloß oins wird re wohl nia gelinge
(des dät se gar it fertigbringe!),
ihn morgens it ins Auge fasse
und u'prüaft aus em Haus nauslasse –
denn jeder Makel wär' re peinlich.
was des a'gôht, sind Fraue kleinlich!

Drum wandert zersch môl ihre Blick
vom Ferse a bis nauf zum Gnick,
ob d'Schuah au recht zum A'zug basset,
ob d'Socke jô koi Haut seah lasset,
ob d'Hos perfekt und richtig sitzt,
ob s'Leible it durch s'Hemmed blitzt,
ob it de Gürtel isch vernudelt,
ob it de Krage isch verbudelt,

ob irgendwo a Knöpfle fehlt,
ob er d'Krawatt hôt richtig g'wählt,
ob s'Oberhemd au wirklich frisch
und it no des von geschtern isch,
ob s'Sakko it an Form verliert
ob alles farblich harmoniert …
… und ersch, wenn sia koin A'schtoß nimmt,
des hoißt, d'Gesamterscheinung stimmt,
perfekt „geschtailt" ohne Verstoß:
Denn derf de Babbe endlich los!

Dass sich en Ma, derart behandlet,
fascht zue me Kloikind zrückverwandlet,
des lôßt 'r sich geduldig biete –
d'Hauptsach isch doch, er hôt sein Friede …

Dia ander Gschicht isch dô viel schlimmer:
Nämlich, wenn 'r im Frühjôhr immer
mueß hinter ihr durch d'Gschäfter laufe
und auf Befehl Klamotte kaufe,
obwohl 'r des so u'gern duet
und moint, dia alte dätets guet.

Dô schtôht 'r ohne Luschtgewinn
dotal fruschtriert im Lade drin
und ziaht mit grätig-finschtrer Miene
in derre grässliche Kabine,
wo me sich kaum bewege ka,
so u'gfähr drei, vier Hose a.

Dia oi isch z'kloi, dia ander z'groß,
doch d'Gattin isch do gnadelos,
fascht ekelhaft autoritär
schleppt dia a fünfte no dehär!
Jô klar, für dia isch des koin Graus –
sia gôht jô von sich selber aus,
denn Kaufe isch en Spaß für sia.
Wia soll en Ma des nôchvollziah?

Jetzt will s'en no im Ganze seah
und lôsst en a paar Runde dreah,
drängelt en denn im Säuselton
gladd in dia sechst Kombination,
dia – Godd sei Dank – au ihre passt …
… worauf se Kaufentschlüsse fasst,
und wia 'r endlich moint, des wars –
schleppt s'en no zue de Accessoires.

Er sammelt seine miade Knoche
und frôgt sich: „Was hôn i verbroche?
Ka mir oi Menscheseel erzähle,
warum munt d'Weiber oin so quäle?
Wozue brauch i en neie Frack
statt meiner alte Lieblingsjack?
Wieso sind dia denn derart wild
auf's äußere Erscheinungsbild?"

D'Antwort dô drauf kenn i genau,
denn i bin selber so a Frau:

Des Ganze kommt mit Sicherheit
a) von de oigne Eitelkeit,
b) handelt sich's au außerdem
no um a gschellschaftlichs Problem!

WEIL: Ziaht sich a Frau it modisch a,
nôch guckt me hämisch zue re na
und moint mit Blick auf ihre Kloid:
„Mein Godd, der Ma duet oim grad loid,
vor derre dät en andre flüchte.
Ka dia sich denn it besser richte?"

Kurzum, me macht se underm Strich
defür alloi verantwortlich.

Doch gôht a Mannsbild außer Haus
und sieht a weng verkniddret aus,
nôch fallt des auf de erschte Blick,
– logisch, was sonscht – auf d'Gattin zrück –
und scho hoißt's, giftig wia Arsen:
„Jô kümmert dia sich it um den?"

In a me Ehefraue-Lebe
ka's fascht koin schlimmre Vorwurf gebe …

**… drum werret d'Männer wohl (verbisse)
sich weiter a-ziah-lasse-müsse.**

D'Gardrob

Als Frau hôsch oifach – oft extrem –
mit de Klamotte a Problem:
Vor U'entschlosseheit halbkrank
schtôhsch vor em volle Kloiderschrank,
schiabsch d'Biegel hin und her und grollsch,
weil de it woisch, was a'ziah sollsch.

Was oft de Fruscht no maximiert,
isch, dass es immer prompt pressiert –
und under dem Entscheidungsdruck
langsch nei … und angelsch mit oim Ruck
wahllos denn a bunts Fähnle raus,
ziahsch's a – und ziahsch's glei wieder aus –
wirfsches aufs Bett, des guete Stück
und rennsch entnervt zum Hochschrank z'rück …

gucksch nei und knallsch denn wiederum
dia Biegel hektisch rum und num,
entdecksch a Hos, schlupfsch nei und: Hoi!
Dia isch jô um de Bund rum z'kloi …
… und mit oim Wurf, wia a Schtilett,
landet se gleichfalls auf em Bett!

Vielleicht de Rock in violett?
Du liabe Zeit, macht der oin fett,
mit dem kasch it durch d'Gegend laufe –
und zack: scho fliagt 'r auf de Haufe.

Was hängt denn dô no zwischedrin?
A Seidekloid, i glaub i spinn,
mit schickem, raffiniertem Krage,
a Eeeeeewigkeit scho nemme trage …

… des nimmsch! Weil des erfüllt sein Zweck.
Wia? Dô am Ausschnitt bebbt en Fleck,
sieht aus wia Rescht von Rosekohl.
Ohmann! Und tschüss … des war's denn wohl.

So schtôsch no immer nackt und blank
verzweiflet vor em Kloiderschrank,
und satt von derre Suecherei
langsch in de alte Haufe nei
und holsch mit fascht scho steife Glieder
de erschte bunte Fahne wieder.

Herrje, wia schee hôt's dô en Ma –
der frôgt sei Frau: Was ziah i a?
Und was d'Gemahlin streng befiehlt,
des holt 'r sich denn ganz gezielt
brav aus em Schrank … und hinterher
sieht er guet aus – und s'Bett isch leer.

Umkehrt – frôgsch môl de Ma um Rôt,
merksch glei, wia em des widerschtôht –
und grätig knurrt er vor sich na:
„I woiß es it, ziah halt was a!
Drei Schränk, dia misstet dr doch lange,
wenn it, nôch muesch halt nacket gange!"

Womit wieder bewiese wär:
Was hent's mir arme Fraue schwer.

Dia hungrig Waschmaschin

I mag an sich mei Waschmaschin …
… i moin mit welcher Disziplin
dia glei auf Knopfdruck funktioniert
und brav und folgsam schee rotiert –
sprich: ohne dass se groß aufmandelt,
meine Textilien behandelt,
jô, fascht auf fürsorgliche Art
mit dene Karussell rumfahrt
und ohne dass sia Wunde schirft,
sia luschtig durchenander wirft.

Au isch se, je nôch Faserart,
môl kräftig-handfescht und môl zart,
und wia se immer doch glei woiß,
soll's küahl sei oder bollehoiß!
Dezue kommt no, obwohl se schuftet,
dass es aus ihrem Maul fein duftet
nôch Rose, Veilchen und Jasmin:
Ehrlich, i mag mei Waschmaschin!

Verlässlich wia en Ackergaul
nimmt se dia Dreckwäsch in ihr Maul,
kaut rum, als sei's en Gaumeschmaus
und spuckt se sauber wieder aus.

Halt, noi: So manches guete Stück
b'helt dia Kanaille oifach z'rück,

wenn se zum Beispiel sich vergisst
und gierig Herresocke frisst!
It boide, noi, nia s'ganze Paar,
immer a Oinzelexemplar,
so dass, was jede Hausfrau hasst,
de oi nemme zum andre basst.

Me wirft se schliaßlich zamme nei,
wia also, Herrschaft, ka des sei,
dass z'môl, wenn m's beim Rausdue zählt,
pro drei Paar Socke oiner fehlt?

I frôg, wenn dia den Strumpf zerkaut,
auf welche Art dia den verdaut?
Vor allem, bei dem Radius,
wona entsorgt s'en denn zum Schluss?

Des Ganze isch mr rätselhaft,
doch bisher hôt s'es immer g'schafft
– i ka no so exakt sortiere –
den Strumpfbestand zue reduziere.

I raim's denn, sind se schliaßlich trocke,
in d'Schublad nei für Oinzelsocke,
doch dia isch bald so überschwemmt,
dass se beim Öffne sich verklemmt …
… und regelmäßig mault mein Ma:
„Wo duesch denn du dia Socke na?"

Klar, bleibt des wieder auf mir sitze,
und i ka denn ins Städtle flitze,
ins deire Wäschegschäft neilaufe
und zeah Paar neie Socke kaufe.
Kaum aber sind dia denn im Haus,
kommet dia alte wieder raus …

… ganz plötzlich, wia von Goischterhand!
Godd, i verlier no de Verstand
und bad fascht in Adrenalin.

Ehrlich, i hass mei Waschmaschin!

Aufraime

Herbscht isch jô für viele Leit
grad dia günschtigscht Jôhreszeit,
all des, was so hindediebe
isch an Arbet liegebliebe,
dia me in de Sommergluet
weil me schwitze mueß, it duet,
mit me nei erwachte, straffe
Tatedrang môl weggzueschaffe.

I für mein Doil zum Exempel
widme mi dem alte Krempel,
der, von Jugend a scho gsammelt,
auf em Dachbode vergammelt
und scho doilweis halb verderrt,
mir de nedig Platz versperrt.

Drum isch so en Jôhres-Check
– was ka bleibe? Was mueß wegg? –
kurz, de Schnitt durch's Arsenal
scho a herbschtlich's Ritual.

Außerdem hôn i môl glese,
dass a straffers Ordnungswese,
also môl sein Gruscht weggz'werfe,
Labsal sei für gschtresste Nerve …

… oder au, jetzt meh abschtrakt,
so a Art Befreiungsakt,
der oin innerlich befliegelt
und oim d'Seele hochglanzbiegelt.

Um mir Fliegel zue verleihe
und mei Seele zue befreie,
steig i jetzt auf d'Biehne nauf,
mach dia Schränk dô obe auf,
schmeiß de ganze Inhalt raus,
buck mi nunder – und mischt aus.

Links schtôht von de Firma Dehner
mannshoch groß en Pappcontainer,
grad so s'richtige Format
für mei Aufraimresultat.

I lang in de Haufe nei
und verwisch?

Jô heidenei!

Glei mei erschtes Cocktailkloid –
scho vierzg Jôhr alt – so a Freud!
Schwarz mit diafem Dekoltée
aus Schorschett, s'wär heit no schee …

… aber z'kloi! Mir alte Wachtel
basst's jô nemme. Wegg in d'Schachtel.

Stopp. Wia toll dia Nôht verlauft!
S'hôt mein Babbe dômôls kauft
für de Herbschtball mit em Frank.
I dues liaber zrück in Schrank.

Was knüllt sich dôhanne zamm?
Bettwäsch mit me Monogramm,
von de Oma sorgsam gschtickt …
… aber z'kurz und drum it gschickt
für dia Bette heidzuedag,
und in Weiß, des i it mag!

Andrerseits: Dia schöne Litze
um dia Kisse und dia Spitze
und der Hohlsaum sowieso.
Wunderbar! Wo kriagsch des no?
Noi, i brings it ieber s'Herz.
Nei in Schrank. Was soll der Terz.

Legosache ohne End,
abgschabt von de Kinderhend;
Dô en alte Plaschtikfisch
und en Schmusezoo aus Plüsch;
guck, a kloine Lederhos,
mei, was war dia grandios;
Schüahle für sein erschte Schritt!
Alls vorbei. Bloß wegg demit.

Doch vielleicht hockt auf meim Schenkel
irgend wenn amôl en Enkel,
und denn (Omas sind jô oige),
kennt'em i des alles zoige
und em sage: „Guck, wia nett,
des hôt scho dein Vadder ghett!"
Und denn würdet d'Aigle blank.
S'kennt jô sei. – Drum zrück in Schrank.

Vase, Schale, Kerzehalter,
Deckele vom Raumgestalter,
Seideblume, Pressglaskelch,
Gartezwerg und Plaschtikelch,

Fenschterbild, Aromakisse,
alles hôn i nemme misse,
alles hôt me ohne Zage
mir als Gschenk in s'Haus neitrage.
Gschenk? Gschmackliche Missgeburt!
Ab zum Flôhmarkt. Denn isch's furt.

Allerdings – môl andersch rum:
Gôht me so mit Gschenkle um?
S'isch doch so, dass ebber lauft
und mit Liebe dir was kauft!
Uuuund was isch, was au môl g'schieht,
wenn's der auf em Flohmarkt sieht?
Der dät denke: Desch de Dank!
Lôss' mr's vorersch môl im Schrank.

Was isch mit dem alte Huat?
Der wär no für d'Fasnet guet!
Und dia Jack, hôt dia en Schlanz?
Doch, dia isch no pfennigganz.

Wasserfarbe, Gschenkpapier,
Notebücher für's Klavier,
gschtrickte Socke, Satinbänder,
Schraube für de Kloiderständer,
Holzscheible für's Blumepresse
Godd, des hôn i alls vergesse,
alles Sache, sapperment,
dia me doch no brauche kennt.

Nôch drei Stunde Schufterei
– so was gôht it ois-zwoi-drei –
lieget meine Nerve blank:
Bucke, sichte, zrück in Schrank,
im beschriebene Hamschterstil
langet it für's Klasseziel!

Und so kommts, wia's komme muss:
S'Oinzig, was i no am Schluss
nausschmeiß als der MÜHE LOHN,
isch de leere Pappkarton.

Doch des schlegelt mi it nieder,
nächschtes Jôhr probier i's wieder.

UND DES
IM BSONDRE ...

ELEKTRIZITÄT

Die Spannung zwischen Mann und Frau
– wer wüsste dies nicht ganz genau –
kann einiges! So a) verletzen,
präziser: einen Schlag versetzen,
kann wiederum auch b) beleben,
Impulse, Licht und Wärme geben
und kann, um c) noch zu bemühen,
knistern und helle Funken sprühen.

Doch wo gehört – in diesem Sinn –
nachfolgendes Kapitel hin?

Chili

Was hôt uns des Jôhr 2003 de liabe Godd doch für en super Sommer beschert. Wochelang, vom Juli a bis Ende Auguscht, u'unterbroche a dreißg Grad warme Tropehitz, wochelang nix als luschtvolls Schwitze und Stöhne nebe Niesattacke in eisige Klimaalage, wochelang ôbends überfüllte Biergärte, wochelang Umsatzrekorde in de Eisdiele und vor allem wochelang Dag für Dag bis in d'Nacht nei Mega-Floischmärkt in de Strandbäder, denn:

Streichelwoich und bieselwarm … luuuud der See zum Bade:

- Morgens, wenn er no jungfrailich und seidegladd im Frühlicht glitzert hôt,
- mittags, wenn er zwar nemme erfrischend war, aber doch no spüaldauglich für de transpirationsgschädigte Körper,
- am frühe Ôbend, wenn's a weng abküahlt und d'Sommerhaut erregend nôch Luft, Wasser und Sonne-Öl groche hôt, de Strand sich allmählich gleert und de Wellegang sich besänftigt,
- jô, und ersch recht in de samtblaue Dunkelheit, nachts so um a zehne, elfe rum, wenn s'Schweizer Ufer driebe wia so a Brillantkollier rieberblinkt hôt und s'Wässerle rhythmisch-verfiehrerisch plätschert …
- und, ach Goddle, wo me denn in de Nachtschwärze näckedle in dia Bodeseewellele hôt eitauche kenne – kurz: endlich môl wieder a kreislaufa'regends, stoffwechsel- und hormonförderds Erlebnis hôt hôn dierfe.

Bei so viel Stimulans und Sinnlichkeit waret oim denn scho au môl wieder Gedanke an … an … nô jô … an Dings … an … halt an Sächele erlaubt, dia me – zuemindescht aus de Sicht von de Jugend – in meim Alter scheinbar gar nemme buchstabiere dierft. Jedefalls hôt mi mein jetzt 35-jähriger Sohn scho als Halbwüchsiger bei knifflige Situatione mit seiner Fraindin g'frôget: „Du Mamme, kasch du di no dunkel dra erinnre: Wia war des denn früher bei dir … ?!"

Juscht in dem Sommer bin i denn mit meim Gemahl ins nächtliche Kressbronner Strandbad gfahre, um amôl textilfrei dia obe beschriebene NACHTNACKTBADELUSCHTBARKEIT z'gerieße. Zur Eistimmung hent mr uns mit a me Fläschle Kressbronner Rebhalde auf a Bänkle gsetzt und in fascht ugwohnter Körpernähe dia herrlich Stimmung auf uns wirke lasse – um denn, durch de Alkohol scho a bissle ermutigt, barhäutig ins Wasser z'gleite. Me hett sich it scheniere müasse – s'war jô koiner meh dô – bloß von weit links diebe her hôt me a paar Stimme ghört.

WAR DAS en belebende Genuss! Labsal für Leib und Seele! Erfrischt und, wia gsaggt, vom Viertele scho a bissle herzbeflügelt, schiab i mi nôch ausgiebige Schwimmrunde wieder über dia verfluechte Kressbronner Wackerstoi zrück ans Ufer.

Mein Ma isch scheinbar au scho wieder drauße, zuemindescht sieh i schemehaft, wia 'r sich, mit em Buckel zum See, grad abduscht. Übermüatig und auf wundersame Weise verjüngt schleich i mi von hinde a und umschling mit meine Ärm sein' muskulöse Bruschtkorb. Nasse Haut auf nasser Haut,

me kennt sich gladd wieder dra gwöhne. Behutsam streich i mit de Fingerspitze über sein Bauch, den er scheints im Reflex spontan eizoge hôt, jedefalls isch der mir geschtern no a bissle fülliger vorkomme.

Langsam, gaaanz langsam dehn i meine zärtliche Zuewendunge ganzkörperflächig aus, aber juscht an de Grenze zur explosive Gefahrezone macht 'r de Mund auf und spricht folgenden Satz: „Das ist doch die Schärfe! Warte nur, du Chililuder, ich bin gleich soweit!"

Und jetzt hôn i a Problem. Seit i mein Ma kenn, hôt der no nia „Chililuader" zue mir gsaggt. „Schätzle" vielleicht môl oder „Liebes", was a bravs, bieders Mannsbild zue seinre brave, biedre Frau halt so saggt … aber Chili?
D'Folgerung war klar: Wenn i it s'Chililuader bin, noch g'hört der Männerbody in de Dusche au it meim Ma, sondern – wia meine

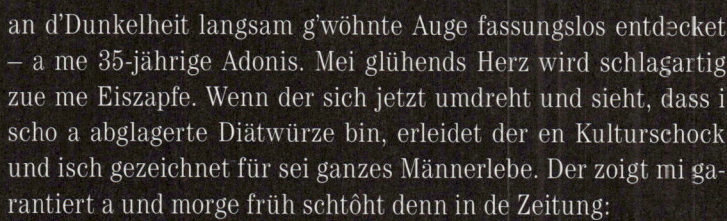

an d'Dunkelheit langsam g'wöhnte Auge fassungslos entdecket – a me 35-jährige Adonis. Mei glühends Herz wird schlagartig zue me Eiszapfe. Wenn der sich jetzt umdreht und sieht, dass i scho a abglagerte Diätwürze bin, erleidet der en Kulturschock und isch gezeichnet für sei ganzes Männerlebe. Der zoigt mi garantiert a und morge früh schtôht denn in de Zeitung:

„FRUSTRIERTES KLIMAKTERIUM-MONSTER ÜBERFÄLLT NACHTS NACKTE JÜNGLINGE."

Also bleibt mr bloß no d'Flucht. In olypmiaverdächtiger Gschwindigkeit ras i panisch zrück zue unsre Bank. Mein Gatte hockt scho ugeduldig wartend dô und schreit mr laut entgege: „Jô sag amôl, was isch denn mit dir los? Du rennsch jô, als hettsch Chili im Hindre!"

I bin seither nia mehr nachts zum Schwimme.

Schwäbischer Liebhaber

So a frisch verliabts Mannsbild isch geischtig-mental
für Normale normalerweis nemme normal,
weil der schtôht jô allbott in seim Gfühlsüberschwang
Dag und Nacht quasi under Eroberungszwang,
und wenn s'hitzige Bluet halt wo andersch na fluedet,
isch de Hirnkaschte folglich it richtig durchbluedet.

Um sei Herzblatt zue kriage, lôsst er fascht nix meh aus,
fueßlet hinter re her und schleicht heimlich ums Haus,
macht Gedichtle und schreibt re, wia gern 'r se mag,
butzet d'Schueh und rasiert sich glei zwoimôl am Dag,
rueft re hundertmôl a und kauft däglich en schene
Strauß knallroter Rose, um den Schatz zue verwehne.
Debei frôgt er it lang: „Mensch, was isch des für oine?!",
noi, er saggt glei von vornerei: „Dia oder koine!",
und ersch, wenn 'r se hôt, gibbt 'r endlich a Ruah,
weil ab dô hôt 'r wieder was anders zum due.
Kurz und guet, so hält d'Liebe landauf und landab
halt dia Männer (zuemindescht am Afang) auf Trab.

Bloß beim Schwôb isch des andersch. Der duet sich dô schwerer,
seller daugt oifach it zue me hoiße Verehrer,
weil denn müeßt er fladdiere, und dia Kugelfuhr,
noi, dia isch em scho zwider und geg' sei Natur.
Gfallt em doch môl a Mädle, so a herzige Krodd,
woiß 'r dann au it recht, wia 'r s'afange sodd;
also guckt 'r môl hählinge zersch zue re num –

guckt a zwoit's Môl und wartet, guckt se au zue em rum –
gucket nômôl, aber wenn 'r scho s'vierte Môl guckt
und denn merkt, dass dia Goiß mit de Wimper kaum zuckt,
isch dia Sach für en gloffe! Dôfür fehlt em d'Geduld:
Wenn dia Blôder nix merkt, isch se selber dra schuld!
Um a seddige Henn macht me schliaßlich koi Gfrett:
Jô des dät grad no fehle! Wer it will, hôt scho ghett.

Doch im Fall, dass se gucket und em it widerschtôht,
hoißt des freilich no lang noid, dass 'r glei mit re gôht!
Vorher wedd er scho wisse, isch dô ebbes dehinder –
hôt se's dapfer verhobe oder scho ledige Kinder?
Uuuund was isch se? Was schafft se? Und von wo kommt se raus?
Erbt se môl a Schtück Bauland – oder glei a ganz' Haus?
Hôt se s'Zeig zue me wuelige, sparige Weib
oder allheck en andere Fahne am Leib?
Isch se sauber und ka se guet koche und backe –
oder macht se a Dos' auf und de Gruscht lôsst se flacke?
Und it uwichtig wär no, ob se jetzt scho pariert,
it dass später des Menschle zum Saumensch mutiert!
Vor er des it alls woiß, kommt 'r noid auf de Gschmack,
schliaßlich kauft me im Schwôbeland d'Katz it im Sack!

Aber deicht's em, dia Sach kennt sich für en rendiere,
isch 'r gar nemme abgneigt, dia Schneck zue poussiere.
„Schatz, ich liebe dich", hört s'en nadierlich nia sage,
vorher dät 'r sich selber auf d'Gosche naufschlage;
noi, zum Eischmoichle wird er sich s'Maul it verrenke
und geschweige no all Dag en Rosestrauß schenke.

Was en richtige Schwôb isch, hôt den Häckmäck it nedig …
vorher schwitzt r's durch d'Rippe – und bleibt liaber ledig.
Jô so isch's: bei de Gfühler isch de Schwôbema oige,
weil dia hôt 'r im Herze. Wozue sodd 'r dia zoige?
Wedd 'r bloß môl zum Beispiel dem Fraule vermittle,
er dät se um s'Lebe gern herzhaft verschittle,
umarme, verdrucke, verküsse, verschnuckle –
also alles in allem: verkassemaduckle …
… nôch kriagt r's, i schwörs, oifach it über d'Lippe
und stupft re statt desse de Finger in d'Rippe,
legt höchschtens no dôbig de Arm um se rum
und knurrt: „Komm Lumpedier, Mensch jetzt due it so dumm!"

Traut 'r sich denn scho meh, weil's en halt übermannt
und moint: „Herrschaftnei, du bringsch me schee durchenand
mit deim herzige Göschle und deim herrliche Leib,
oh du Luaderle, du bisch a abgschlages Weib",
kennt' me dia Art von Ausbruch, ohne s'Maul zue verbrenne,
so für schwäbische Maßstäb' gladd Leideschaft nenne.
Gôht 'r schliaßlich und endlich sogar mit re aus
und rückt nôch em Menü fluggs de Geldbeitel raus,
zahlt a saudeire Zech', ohne dass 'r lang facklet,
isch es ernscht, denn jetzt hôt's bei em aschtändig gschnacklet.
Seiner Braut aber ka me mit me echt guete G'wisse
bei de Hochzeit denn sage: „Du, mit dem bisch it b'schisse –
isch 'r manchmôl auch gschpässig und en maulfaule Gsell,
aaaaber dô, wo's drauf a'kommt, immer rührig und schnell.
Und bei Godd, wenn s'en bubbfret, lôsst er au nix verbrenne:
Weil sonscht dädet jo it so viel Schwôbe rumrenne!

Schtrôßecafé

Schauplatz: Sommerlicher Städtlesmarkt-Samstag in re schwäbische Kloistadt. Mir sitzet im Strôßecafé. Am Nôchberdisch links hocket zwoi Männer alloi, am Nôchberdisch rechts hocket zwoi Fraue alloi und am Disch halbschräg hinde hockt a Ehepaar, au alloi. Alle gucket auf d'Strôß, weil dô jô d'Leit vorbeilaufet. Es gibbt nix Spannendres wia Leit, dia vorbeilaufet. Im Moment lauft beischpielsweis grad a junge Frau vorbei und schiabt ihre Fahrrad. Koi Durchschnittsfrau, nix dô, a Rassepferd, a Göttin, d'Aphrodite perseenlich, groß, jung, faltelos, magersuchtschlank, kurzrockig, bauchnabelfrei – kurz: a Saftstück!

Für zwoi Sekunde stockt dia gesamt Unterhaltung. Denn zerfällt se wieder in folgende drei Oinzeldialog':

Disch Nummer oins – zwoi Männer (um dia vierz'ge rum):
„Wow, isch des a Edelpaket. Mein liiieber Herr Gesangverei, bei derre dät i au môl gern am Schnürle ziah. Wieso lauft denn mir nia so was Knuschprigs über de Weg?", saggt de erscht zum zwoite. Dô knurrt de zwoit de erscht a: „Komm, komm, komm, kriag de wieder ei, dia spielt fei in re andre Liga. Dia kasch du dir it leischte." De erscht wieder: „Aber i will se doch it heirôte." De zwoit: „Äbe drum."

Disch Nummer zwoi – zwoi Fraue (um dia fuchzge rum):
Dia oi geifert: „Hôsch ... des ... gseah? Also dia junge Weiber laufet heitzuedag scho ausgschämt umenand, dô fallt dr nix meh ei. Mir waret jô au môl flotte Feger, gell – doch soooo hemmers

denn doch it nedig ghett. Aber des gfallt dene Mannsbilder nadierlich." Dia ander in voller Zuestimmung: „Hôsch amôl derre ihr Hinterdoil genau aguckt? Bis in a baar Jährle isch des au nemme so knackig. Lôß dia ersch a môl Kind kriage!" Dia oi denn wieder: „Ach komm, was gôht des uns a … Herr Ober, zwoi Prosecco bitte … "

Disch Nummer drei – s'Ehepaar (um dia sechzge rum):

Sia: „Und?" Er: „Was und?" Sia: „Jô wie hôsch dia gfunde?" Er: „Wen?" Sia: „WEEEN frôgt 'r! Jô, dia Frau, dia grad vorbeigloffe isch." Er wieder: „Welche Frau? Dô laufet allbott Fraue vorbei." Sia außer sich: „Jetzt due doch it so scheiheilig! I hôn doch ganz genau gseah, wia re nôchgschtiert hôsch." Er glangweilt: „Ach dia?" Sia ganz aufgeregt: „Jô, genau dia; jetzt komm, sagg's doch endlich môl!" De Gatte antwortet gelasse: „Ha, dia hôt a tolls Fahrrad debei ghett."

DES
NO DEZUE ...

WINTERIMPRESSIONEN

Kaum sind Anfang November die Gräber auf Hochglanz gebügelt, schon hebt der Winter seine Frost-Griffel und droht: „Komme gleich." Ist er dann vor Ort, tobt schon wieder der vorweihnachtliche Geschenketerror. Oma's Erbe indessen ist nicht so üppig wie erhofft ausgefallen, und so muss eben am Wichteln gespart werden.

S'Erbe

Weh dene, dia als Oinzelkind
ins Lebe neigschtellt worre sind,
dia also bis zum bittre End
nia den Genuss von Gschwischter hent,
koin Schwôger und koi Schwägerin –
des schmälert doch de Lebenssinn!

Koin Rückhalt aus em oigne Nescht,
nia môl a schees Familienfescht,
null Bluetsverwandte erschten Grades –
was isch des für a leeres, fades
und menschlich reduziertes Lebe:
Verwandschaftlicher Notstand ebe.
Tragisch, wer demit lebe muss …

… drum hoißt jetzt au mein Umkehrschluss:
Wohl dene, dia de liabe Godd
mit G'schwischter üppig gsegnet hôt,
weil, guet verschwägert und verschwippt,
des denn a starke Sippe gibbt,
dia nôch dem edle Grundsatz lebbt,
dass, wenn d'Familie zammehebbt,
me Glück und Friede sich erwirbt …

… bis überraschend d'Oma stirbt,
dia neb' me Heisle (zwar koi neis,
doch immerhin a schuldefreis)

no – ihrer Sparigkeit sei Dank –
fünf Konte ghett hôt auf de Bank
mit respektable Geldbeträg …

… und zmôl duets jesesdumpfe Schläg!

Bevor – ihr Grab isch no ganz frisch –
no s'Teschtament eröffnet isch,
gibbt me sich scho mal dischtanziert,
weil jeder heimlich kalkuliert
und nôchzählt mit em Rechestift,
wia viels ihn wohl beim Erbe trifft,
wobei er logisch denôch giert,
dass er de Hauptdoil abkassiert …

… denn wer hôt sich denn seit jeher
um d'Oma kümmert, wenn it er!
Mag sei. Doch bled isch underm Strich:
Des denket ALLE jetzt von sich!

Wia d'Denke von de Oma war,
wird aber beim Notar ersch klar –
und der verzehlt oim, wia so oft,
was anders, als me sich erhofft.
De oigne A'doil isch it groß,
a Brösele vom Kuache bloß,
des hoißt: de Falsche wird beschert …

… und ratzfatz isch de Kriag erklärt!

Und wo me früher war froh vereint,
isch me jetzt derart spinnefeind,
dass me sich, wirklich hirnverbrennt,
it s'Schwarze underm Nagel gennt …

… und weil koi Lösung isch in Sicht,
landet des Ganze vor em Gricht.
Dô wird de Casus gwälzt und gfilzt
so lang, bis de ganz Zaschter schmilzt!
Denn sind, als Folge von dem Zank,
de Awalt reich – und d'Erbe blank.

S'isch schlimm, wer demit lebe muss;
drum lautet folglich jetzt mein Schluss:

Wohl dene, dia als Oinzelkind
ins Lebe neigschtellt worre sind,
weil dia von vornerei scho wisset,
dass se mit niemand doile misset.

Allerheilige (1. Doil)

Des môl glei von vornerei:
Allerheilige mueß sei!
Oimôl jährlich innehalte,
dia Betriebsamkeit abschalte,
môl de Weg zum Friedhof finde
auf de Gräber Licht azinde
und ganz still im diafe Innre
an Verstorbne sich erinnre,
dia, vor oin de Dot hôt trennt,
oim so viel bedeitet hent.

S'Adenke, dô liegt de Sinn
von dem Feierdag doch drin,
wegg von jeder Art Gebrille,
Krach und Lärm – in aller Stille …

… jedefalls hôn i's so glernt!
Aber dôvo weit entfernt,
machet auf em Goddesacker
viele Leit mit viel Gegacker
mittedrin im Friedhofsrummel
ihren JÔHRESGRÄBERBUMMEL,
laufet rum im Labirind,
z'gucke, wia se grichtet sind:

Ob de Bode über'm Sarg,
dicht bepflanzt isch oder karg

oder bloß mit Bodedecker;
ob dia Reisigkränz und Gschtecker,
je nôch Umfang, je nôch Pracht,
kauft sind oder selber gmacht;
ob alls farblich zammestimmt,
ob me sich en Gärtner nimmt,
kurz – dia Heimstatt unsrer Dote
kriaget bei dem Rundgang Note …
… dia me schpäter it verhehlt
und beim Kaffeeklatsch verzehlt,
weil au dô halt s'Motto gild:
Wichtig isch bloß s'eißre Bild!

It, wia du dein Ma betrauersch
und wia du sein Dot bedauersch.
Sag, wia sei Grab grichtet isch,
und i sagg dr, wer de bisch!

Weh, du stopfsch bloß vornena
drei, vier schlappe Erika
in a schmale Bodefurch –
nôch bisch quasi undedurch.

Folglich, nôch dem Grundprinzieb,
herrscht scho vorher Hochbetrieb!
Auf de Friedheef isch was los,
in de Roihe wumslets bloß:
Blumeschale werret gschlebbt,
Pflanzkörb, dia me kaum verhebbt,

und me sieht auf alle Viere
iebral Mensche, wia se ihre
Koschtbarkeite hübsch drapieret
und sich s'Kreiz fascht ramponieret.

Aber freilich, s'isch nix Neis,
Schönheit hôt halt ihren Preis,
und der isch ganz bsonders herb
juscht beim Grabschmuckwettbewerb.

Allerheilige (2. Doil)

I mecht gern den Kult vermeide,
mein Gemahl war so bescheide,
wenn er's seah kennt, dät 'r moine:
„Fraule komm, mach's meh im Kloine,
pflanz a Büschle oder so,
i hôn eh nix meh devo."

„Du hôsch recht", dät i erwidre,
doch des hieß', mi auszuegliedre
aus de Gräberherrlichkeit,
und du woisch, denn brechet d'Leit
über mi sofort de Stab …
… noi, du kriagsch hier s'schenschte Grab!
Prächtig, deier, exklusiv,
wenn au arbeitsintensiv
UND: des Kunschtwerk isch denn meins
mit de Super-Note „Eins"!

(Was me schpäter it verhehlt
und beim Kaffeeklatsch verzehlt
mit dem tolle Resümee:
S'Gräble schee, dia Frau o.k.!)

Wenn an Allerheil'ge denn
i au auf de Friedhof renn,
mueß i leider Goddes seah:
Scheint's isch alls vergeblich g'weah.

Koiner lobbt, mei Grab sei toll,
dôbei war's so mühevoll!

Traurig sag i zue meim Ma,
wenn er's au it höre ka:
„Siehsch, jetzt hôn i irgendwo
so wia du au nix devo.
Nächscht Jôhr denn, geliebter Gatte,
kriagsch a edle Marmorplatte
mit me Blumeväsle drauf
voller Rösle, dia i kauf …
… und denk – desch mein feschte Wille –
bloß an di – in aller Stille.

Was saggsch? Des isch gwieß it wôhr?
Guet, denn iebernächschtes Jôhr."

Wichtle

I gibs zue – lang hôn i gar it g'wisst, was Wichtle überhaupt bedeitet. Ehrlich! WichtEL jô, des scho, halt als a Art Sage-Gschtalt, Kobold oder so was ähnlichs … aber wichtLE??? I hôn mr au herzlich wenig Gedanke drüber g'macht ghett – s'war mr ehrlich gsaggt wurscht. Ohne des hôn i guet lebe kenne. I hôn sogar lang guet ohne demit lebe kenne, so lang äbe, bis i an me schene Dag in en Gsangverei eintrete bin und dô dia Weihnachtsfeire mitgmacht hôn. Seither woiß i also, was wichtle isch.

Nadierlich, Sia wisset scho ewig, was sich hinter Wichtle versteckt und somit wärs eigentlich gar it netig, des jetzt lang und broid nômôl z'erkläre. Doch i due's trotzdem … des hoißt … i beschreib jetzt oifach môl, wia so a Wichtlesaktion bei uns immer abglaufe isch.

1. Akt: Vierzeah Dag vor de Weihnachtsfeier lôsst me im A'schluss an d'Chorprob mehrere Körble durch d'Sitzroihe wandre, wo jeder a Namenszettele ziah ka, demit 'r woiß, wen 'r für zeah Eiro, den Betrag hôt me feschtglegt, bewichtle derf/mueß/soll. Kaum s'Pabierle in de Griffel, wird's – bsonders von de Fraue – glei u'überhörbar ausenandergfaltet und neigschpickelt. Uuund denn gôht's los – des Flüschtre, des Tuschle, des Raune: „Wen hôsch du zoge? Dia Frôg kommt jetzt von mir und isch zue de linke Sitznôchbre numgange. „I?", moint se beklomme, „de Karle." „Waaas, de Karle", reagier i a weng boshaft, „ausgrechnet den Busegrapscher aus em Tenor? Bei Godd, dô hôsch aber sauberle neiglanget … ".

Und zur rechte Nebesitzre: „Und du, wenn derfsch du beglükke?" „Psscht", duet dia wichtig, „schrei doch it so laut, sonscht hört r's womeglich no!", und denn leise stolz mir ins Ohr: „De Dirigent perseenlich." „Waaas", sag i anerkennend, „Reschpekt, Reschpekt! Aber gell, für den derfsch denn scho a weng diafer in d'Dasch greifa, denn dô werret dia läppische zeah Eiro it ausroiche!"

Nôch dem guet gmointe fraindschaftliche Rôtschlag dreh i mi kurz um und frôg mein Hinderma aus em Bass: „Und du?" „Bitte?", frôgt der mürrisch wieder zrück. „Wen du zôge hôsch", präzisier i mein Wissensdurscht. „Des gôht di en feichte Staub a", raunzt der Aff zue mr vor. „So, aha! Jô, guet. Me wird jô no môl frôge dierfe", murmel i beleidigt, stand auf und gang hoim.

2. Akt: Mitte Dezember, an me Freitagôbend um a halbachte gôht denn dia Weihnachtsfeier los. Freiwillige Helferinne hent am Nôchmittag d'Disch weihnachtlich dekoriert, d'Kerze brennet au scho und gebet dem Nebezimmer a hoimelige Atmosphäre. Rausbutzt und feschtlich azoge – dia meischte zuemindescht – trudlet dia Sängerinne und Sänger jetzt nôchenand ei, jeder mit a me Päckle underm Arm, des 'r vorschriftsmäßig auf de Empfänger auszoichnet auf de Gabedisch lege mueß. Nôch re halbe Stund, des hoißt, so bis kurz vor achte isch des Wichtlesbeigle scho zue me riese Gschenkberg agwachse und glitzret und gleißt und glänzt verheißungsvoll. So a opulente Herrlichkeit reizt nadierlich wieder de (weibliche) Wunderfitz. All drei Minute wandret de Blick heimlich zue dem Haufe num und taxiert en innerlich. Wer wohl dia Rieseschachtel gschenkt kriagt? Und was dô bloß drinne sei kennt? So a große Schatull! Ha, dô defier hent doch zeah Eiro im Lebe nia glanget! Dass sich d'Leit aber au nia an Abmachunge halte kennet. Me hôt doch im Vorfeld klar und deitlich g'saggt: Zeah Eiro! Guet, zwoi Eiro meh bringet oin au it um, doch am Basisbetrag sodd me sich halt doch orientiere!

Aber gell, s'gibbt immer wieder so A'geber/inne, dia drieber naus gange munt. Mensch, des isch doch peinlich für alle andre, dia bloß für zeah Eiro ebbes schenket. I find's sogar uverschämt … für wen bloß dia groß Schachtel isch? I glaub, i gang môl kurz naus aufs Klo und lauf u'auffällig an dem Disch vorbei … vielleicht sieh i jô, was für en Name draufschtôht.

3. Akt: S'isch in de Zwischezeit halbzehne worre, de Chor hôt üppig und guet z'Ôbend gesse, Weihnachtsgschichtle vorglese kriagt und gemeinsam Adventsliader gsunge. Feierlich, besinnlich, wia sich's g'hört. Aber jetzt kommt de Höhepunkt vom Ganze, nämlich d'Bescherung. Dia Sopräner stürzet sich wia d'Habicht auf de Gabedisch und verdoilet wueselig sämtliche Gschenkle. D'Spannung isch fascht greifbar, jeder ka s'Auswickle kaum verwarte, au wenn er's it zuegibbt. Aber ersch, wenn eder sei Gschenk hôt, denn wird's intressant:

De oi reißt brutal s'Eiwickelpabier runder, knüllts achtlos zamme, guckt sein Wichtel a und – jô … halt scho wieder so en

93

Gruscht, den i it brauch! Andre wieder zupfet zersch a Ewigkeit an dene Tesabebberle rum, knotet d'Bendele auf, ziahet vorsichtig s'Pabier vom Päckle wegg, streichets gladd und legets zamme. Des mueß sei! So will me nôch auße demonschtriere, wiaviel oim des Gschenkle scho beim Auspacke bedeitet. Denôch, wenn schliaßlich alle knischternde Hülle gfalle sind, folgt de obligat spitze Freudeschrei: „Mei, isch des schee! Wer sich wohl sooo viel nette Gedanke um mi gmacht hôt. Toll!"
Wer sich dô ageblich sooo viel Gedanke gmacht hôt, bleibt it lang a Geheimnis, weil der oder dia Betreffende scho dia ganz Zeit vom Nebedisch rieberschtiert und auf d'Reaktion bässelet. Falls des nonverbale Signal vom Gabespender aber denn doch it begriffe wird, kommt 'r irgendwenn amôl so ganz beilaifig under me harmlose Vorwand an de Disch und frôgt diskret: „Gfallt's dr?"

Des Riesepaket hôt iebrigens der Fummler aus em Bass kriagt, den – Sia erinnret sich? – mei linke Sitznôchbre zoge hôt. Jô spinnt denn dia? Ha, dem hett's doch a Fläschle Wei vom Lidl due. Was hôt 'r denn kriagt? En PLAYBOYkalender, jetzt guck na! Sehr originell und so … passend, gell! Doch, nackete Weiber sind scho richtig für den … halt amôl, halt, halt, halt: so en Kalender koscht doch weit meh als zeah Eiro! Dass sich d'Leit au nia an ebbes halte kennet. Und was kriag i? Zwoi Windlichthalter vom Tchibo! Für lumpige 8 Eiro 99. Des woiß i deshalb, weil i dia mir vor drei Woche ersch selber kauft hôn. 8,99!!! Und i hôn für mei Gschenk elf Eiro ausgebe. Dô sieht m's wieder! Sch… wichtle! Im nächschte Jôhr stell i de Atrag, dass me den Krampf endlich môl abschafft. Obwohl …

Alle Jahre wieder

Weihnachtsfescht, des segensreiche …
… es isch jedes Jôhr doch s'Gleiche:
Immer denn, wenn im Advent
scho môl s' dritte Lichtle brennt,
also knapp vorm Fescht der Liebe,
schpür i jähe Eikaufstriebe,
dia bisher bloß so latent
im Bewusstsein gschlummret hent.

Aber jetzt rührt sich verbisse
des verdruckte, schlechte Gwisse –
und wia so a Eisepranke
plôgt und quält mi de Gedanke,
dass i endlich môl bei Godd
Weihnachtsgschenkle kaufe sodd –
– saggt mr de Kalender doch:
D'Feierdag sind in re Woch!

Freilich wird, wia i oft sag,
richtig schenke heitzuedag
– bei dem ganze Überfluss –
scho allmählich zum Verdruss,
weil: me hôt an d'Gschenkgeschtaltung
schliaßlich a Erwartungshaltung.

Schenke sodd me quasi „griffig“,
also ausgfalle und pfiffig,
so dass der, wo me beschenkt,
merkt, me hôt fescht an en denkt.

Doch grad interfamiliär
isch dia Auswahl bsonders schwer:
Jeder hôt doch heit scho alls,
und so woiß me jedefalls
nemme, was me schenke soll …
… d'Schränk sind eh so probbevoll!
Also bitte, herrschaftnei,
dô fallt oim doch nix meh ei!!!

Und denn au: me will doch kaum
s'Gleich' all underm Weihnachtsbaum,
so zum Beispiel für de Gatte
Socke, Hemmed und Krawatte …
… Unterwäsch, schee mollig-warm,
für d'Oma ihr'n Arthritisarm …

… au des Nachthemdle für d'Dante
mit de rosa Bogekante
isch bei aller Liebe it
grad de hoißescht Gschenkleshit!
Bloß beim Filius isch's klar –
denn der saggt ganz lapidar:
„Kauf mr nix, was mr it gfellt,
schenk mr dôfür liaber s'Geld!“

Doch des alles hilft mr nix,
ich brauch Gschenkle, und zwar fix,
sprich, i mueß mir jetzt deswege
endlich môl was überlege,
was d'Familie überrascht …
… ach, was sag i! UMHAUT fascht!

Und so stürzt dia Seeleenge
mi ins Vorweihnachtsgedränge,
jagt mi samt meim überdrähte
Hirn durch überfüllte Läde,
wo bei Tschingel-Bells-Gedudel
i mi wia a 'kochte Nudel
jetzt durch Parkas, Webpelzkräge,
Kasseschlange, Kinderwäge,
Kloiderstange, Rauschgoldengel,
Personal und Wühldisch schlängel –
d'Rolltrepp nunder, d'Rolltrepp nauf …
… dô kommt richtig Stimmung auf!

Wehrlos zwische d'Masse presst,
fühl i mi fruschtriert und gschtresst
und mei Energie verpufft
in der dicke Kaufhausluft,
kurz: i bin a halbe Leiche,
… es isch jedes Jôhr doch s'Gleiche!

Knapp scho vor em Herzinfarkt
gang i auf de Weihnachtsmarkt

in de Hoffnung, dass i gschwind
dô vielleicht was Passends find.
S'Agebot isch zweifellos
weihnachtstechnisch riesegroß:
Chrischtbaumkugle, Krippe, Kerze,
Birnebrot, Lebkuacheherze,
Selbergschtrickts und ganze Berg
erzgebirgigs Kunschthandwerk …
… und natürlich permanent
iebral Fress- und Glühwei'ständ!

Guet! Als Gschenkles-Sorgebrecher
hôl i mir jetzt au en Becher …
stell mi brav in d'Roih – und schwupps,
kriag i linkerhand en Schubs,
und mein Nôchber schwappt zack-zack,
mir sein Glühwei über d'Jack …
… hôn jetzt also zue meim Schreck
auf meim helle Häs en Fleck,
aber weder a Getränk
und geschweige denn a Gschenk.

Under innerlichem Zorne
mach i panisch d'Flucht nôch vorne,
renn ins nächschte Kaufhaus nei,
pflüg durch d'Stockwerk und – KAUF EI …

… nôch bewährtem Gschenksyschtem
und scho löst sich mei Problem!

Heilig Ôbend folgt d'Bescherung
in de altbekannte Währung:

Schee verpackt sind für de Gatte
Socke, Hemmed und Krawatte;
d'Oma, nemme ganz so fesch,
kriagt Angora-Unterwäsch;
weiters dia altledig Dante
s'Nachthemd mit de Bogekante,
während Bubi fröhlich gschtimmt
s'Geldkuvert entgegenimmt.

UND: Under de Kerzelichter
machet alle zfriedne G'sichter,
sind so dankbar und so froh …
… môl zuemindescht dunt se so.

Weihnachtsfescht, des segensreiche …
… es isch jedes Jôhr doch s'Gleiche!
Und jed's Jôhr bin i belämmert,
während's in mei'm Kopf scho hämmert:
Nächschtes Jôhr wird im Advent,
kaum, dass s'erschte Lichtle brennt,
s'Kaufe um koin Dag verschobe …

… aber mei – no beim Gelobe
klingelts scho in meine Ohre:

S'letzscht Jôhr hôsch dr's au scho gschwore!

DES MUESS NO SEI ...

EINBILDUNG

Was? Nicht gegrüßt? Mich nicht erkannt?
Gott, ist der Typ doch arrogant!

Halt, stopp – er hat mich registriert!
Er scheint ja gar nicht so borniert!

Jetzt spricht er mich persönlich an –
welch unvergleichlich netter Mann!

So heißt das Fazit, kurz und knapp:
Fremdarroganz hängt davon ab,
ob man mich wahrnimmt oder scheut.

Es lebe hoch die EITEL ... k e u t!

Schauplatz:
Öffentlicher Neujôhrsempfang

Alle sind eiglade, jeder ka na, viele sind komme. I au. Alloi. Oizecht, wia de Schwôb saggt, Guet, i kenn nadierlich au viel Leut, wia me d'Leit halt so kennt: „Jô hallo, au dô? Was? Jô doch, de Biergermeischter hôt schee gschwätzt. Bitte? D'Musik? Jô Godd, wer's mag! Tschüss, danke, Ihne au no en schöne Ôbend!" Undsoweiterundsoweiter ...

Zmôl entdeck i zwische derre wabernde Menschemenge en Herr, der in unsrer Firma a leitende Position ghett hôt. I glaub, der isch vor drei Jôhr in Pension gange. Oder sind's scho vier? Me woiß es immer gar nemme. Jedefalls sind mr uns in userm Großbetrieb x-môl auf de Treppe begegnet, immer mittags, jôhrelang. Meischtens hôt er's jô pressant ghett und gar it auf sei Umgebung groß gachtet. Aber trotzdem, so beiläifig regischtriert hôt me sich allemôl.

Dô, jetzt guckt 'r grad in mei Richtung. I heb adeitungsweis mei Glas und proscht fraindlich über dia viele Holzköpf wegg zue em num. „Guten Abend" soll des hoiße. Jô wia? Der duet doch gladd, wia wenn r's it gseah hett, der dreht sich sogar wegg, mir de Buckel zue. Mei Liaberle, des war deitlich! Jô was glaubt denn der Schwungguschtel, der eigebildete? Arroganter Schnösel der! Aber so blasiert war der scho immer. Hôt gmoint, als a kloins Abteilungsleiterle sei 'r was Bsonders. Mein Godd, in so re Firma rennet se dutzendweis umenand. Jetzt isch er's nemme, und unseroins isch au it auf de Brennsupp deherg'schwomme. Aber hôn i des nedig? Depp!

I gang auf's nächschte Menschegrüpple zue mit em obligatorische „Jô hallo, au dô? Bitte? Jô doch, de Biergermeischter … Jetzt hôt 'r grad zue mr rumgnickt, zuefällig hôn i's gseah It überfraindlich, aber immerhin höflich. Hôt er mi also doch no erkannt. Überhaupt, so übel isch der gar it. Wenn er oin früher in de Hektik manchmôl au überseah hôt … liabe Zeit, so en Abteilungsleiter hôt jô au a Wahnsinnsverantwortung! Was der alls im Kopf hôn mueß! In so re große Firma wird oim nix gschenkt. Aber sonscht, i glaub privat isch des en sehr nette Ma, menschlich moin i, doch, i hôn des scho immer gsaggt.

Mei Glas isch leer. Zwische dampfende Körper druck i mi durch bis zum Getränkedisch und stell mi in d'Warteschlang. Jô guck bloß, wer dô schtôht! Und jetzt gibbt er mr sogar persönlich no d'Hand! Er gibbt mir d'Hand! Menschenskind, isch des ein tolle Ma. Und no richtig frisch und jugendlich. Und so scharmant und weltmännisch! Wo findsch denn so was no heitzuedag? Dia junge, grüne Schnellschwätzer hent doch alle koi Benehme meh. Aber der dô. So ebbes Nett's aber au!

I erkundig mi betont fraindlich, wia em denn dia Firmeabschtinenz so zuesage dät. „Beschtens", moint 'r, „besser kennt's gar it sei", und verzehlt mr von Reise, Ausrueh und Erholung. „Des frait mi für Sia", erwidre i neidlos und will em grad in meim gschliffene Idiom erkläre, dass i jetzt au kurz vor de Pensionierung schtand. Frühpensionierung mit Abzug, wohlgemerkt! Doch der isch schneller und schleidert mir den für a Frau verheerende Satz an de Kopf: „Aber Sia sind doch mindeschtens au scho acht Jôhr in Rente, oder … ?" Heidebimbam, des isch fei gsesse! Mei scho rhetorisch genial durchformuliorts Satzgebäude bröselt uausgsproche in sich zamme und langet grad no für a schmallippigs: „I glaub, i mueß weiter". Denn nimm i mei frisch gfüllts Glas, nick em no säuerlich zue und misch me fruschtriert wieder under d'Menge.

Depp! Sag i doch!

UND
SCHLIASSLICH
DES NO ...

UNVERBESSERLICHES BESSERN

Zu NEUjahr bellt, aus gutem Grund,
häufig der innre Schweinehund ...

... doch ist er, dank Verdrängungsdrill,
schon zu Dreikönig wieder still!

Vorsätz

Immer kurz vorm neie Jôhr
nimmt me sich de Herr was vor,
was me via Seeledrill
alles bei sich ändre will!

Oder so: me mecht probiere,
sich a weng z'diszipliniere
reschpektive môl – bei Godd –
endlich des due, was me sodd.

Beispielsweis, um glenkig z'bleibe
irgend a Art Sport betreibe,
it bloß träg im Haus rumscherre,
gsünder esse, schlanker werre,

länger schlôfe, nemme rauche
und it soviel Geld verbrauche;
d'Partnerschaft no besser pflege,
meh aktiv sei, meh bewege,
dringend môl de Keller raime,
nia meh en Termin versaime,
statt Papierkram deponiere,
glei in d'Ordner eisortiere,
it wia sonscht wia Kraut und Riabe
liegelasse! – Nix verschiabe,
nix verschlampe. D'Steiersache
immer pünktlich fertig mache
und so weiter, und so fort –
… kurz, me schwätzt a ernschtes Wort
erschtens mit sich selber und
mit seim innre Schweinehund.

Solche Vorsätz blüahet jährlich …
… d'Ernte allerdings isch spärlich,
denn es wird scho in drei Woche,
was me sich versproche … broche.

Kurz vorm nächschte neie Jôhr,
nimmt me sich's denn wieder vor …

… immerhin, in dem Segment
isch me wirklich konsequent.

Nachwort

Gut, hochgeschätzte Leserschaft!
Nun haben wir fast musterhaft
jeweilig unsre Pflicht getan:
Sie blätternd auf dem Plüschdiwan
vielleicht in Ihrer Mittagspause –
ich seufzend in der Dichterklause.

Ob Sie sie auch gelesen haben,
die Früchte meiner Geistesgaben,
das bleibt für mich natürlich offen,
ich kann es allerhöchstens hoffen.

Doch sollt' es auch kein Lobpreis regnen:
Der Fakt schon, dass wir uns begegnen
beziehungsweise, dass wir beide
uns treffen auf der letzten Seite,
bedeutet, dass SIE Lob verdienen.
Sie hielten durch.

Ich danke Ihnen!

Ingrid Koch

Die Autorin Ingrid Koch

Ingrid Koch ist Tettnangerin: Dort wurde sie geboren, dort wuchs sie auf und dort lebt sie bis heute. In ihrem Elternhaus gab es viele Bücher und die kleine Ingrid brachte sich anlässlich eines Krankenhausaufenthaltes selbst das Lesen bei. Ansonsten sind ihre äußeren Lebensstationen schnell erzählt: „Nach vierjähriger Hängeperiode an Mutters Schürzenzipfel" und dem „Durchlauf diverser Lehranstalten" trat sie im Jahr 1968 als „gehobene Radiermaus in ein Häfler Großunternehmen ein", dem sie vierzig Jahre lang treu blieb.

Bereits in den achtziger Jahren machte sie bei Betriebsfesten und im familiären Kreis auf ihre Gabe aufmerksam, um – damals noch meist in schriftdeutschen Versen – ihrem Publikum einerseits aus der Seele zu sprechen, ihm aber auch befreiendes und erkennendes Lachen zu schenken. Mit Auftritten beim Tettnanger Zunftball, Veranstaltungen zum Tettnanger Stadtjubiläum und Moderationen bei Konzerten des Tettnanger Liederkranz begannen Ingrid Koch's öffentliche Auftritte. Im Jahr 2002 folgte das erste Soloprogramm, danach in wachsender Zahl Einladungen auf zahlreiche oberschwäbische Bühnen. Überregionale Engagements führten sie nach Mannheim und Stuttgart, letzteres gemeinsam mit dem preisgekrönten und hinreißend komischen „Felchenterzett." Auch im Bodenseeradio SWR4 ist sie inzwischen häufig zu hören.

Die Mutter eines inzwischen erwachsenen Sohnes findet ihre Stoffe überall: In der Natur, der Gesellschaft, in der Geschichte, in Menschlichem und Zwischenmenschlichem. Sie lotet die Sprachräume und Nuancen des Tettnanger Dialektes aus und formt sie zu Texten voller Witz und Poesie. Im Jahr 2008 erschien mit „Tettnanger Texte" ein Buch in Kooperation mit der ebenfalls in Tettnang lebenden Erika Dillmann.

„Jetzed" ist das vom Publikum lang erwartete Buch mit Klassikern und neueren Texten von Ingrid Koch.

Cosima Kehle

www.ingrid-koch.de

Die Grafikerin Natalie Niethammer

Natalie Niethammer, geboren 1978 in Friedrichshafen, ist ausgebildet in Medien- und Web-Design. 2002 gründet sie die Agentur „Klexx", wo Konzeptionierung, Gestaltung und Realisation von Drucksachen, Werbemitteln und Internetanwendungen im Vordergrund stehen, neben den Bereichen Marketing und Public Relations. Sie lebt am Bodensee und verbringt ihre Freizeit mit Ski-, Berg- und Radsport. Zudem ist sie in der literarischen Vereinigung Signatur als Beirat tätig.   **www.klexx-it.de**

Der Illustrator Johannes Stopper

Johannes Stopper, geboren 1967 in Tettnang, studierte Kommunikations-Design in Augsburg. Seit 1994 als freiberuflicher Grafik-Designer tätig, vorwiegend im Bereich Illustration und Malerei. Seine Aufträge reichen von Wandgemälden, Prospekten und Postkarten bis hin zur Gestaltung von Fasnetshäser. In der kath. Kirchengemeinde St. Gallus in Tettnang widmet er sich seit vielen Jahren der Jugendarbeit. Darüber hinaus ist er spielendes und regieführendes Mitglied des Kolping-Theaters Tettnang (Laienspiel).   **www.johannes-stopper.de**